DE LA SITUATION ACTUELLE.

IMPRIMERIE DE MADAME DE LACOMBE
rue d'Enghien, 12.

DE
LA SITUATION ACTUELLE.

Conséquences de la Coalition, — Cabinet du
29 Octobre, — Nécessité d'un changement
de Ministère.

PAR UN DÉPUTÉ CONSERVATEUR.

**Extrait de la Revue générale biographique,
politique et littéraire,**

(Livraison de Janvier 1843),

PUBLIÉE SOUS LA DIRECTION

DE M. E. PASCALLET.

PARIS. — 1843.

LA SITUATION ACTUELLE.

Conséquences de la Coalition. — Cabinet du 29 Octobre. — Nécessité d'un changement de Ministère.

PAR UN DÉPUTÉ CONSERVATEUR.

Extrait de la Revue générale biographique, politique et littéraire.

(Livraison de Janvier 1845.)

PUBLIÉE SOUS LA DIRECTION

DE M. R. PASCALLET.

Paris — 1845

DE LA SITUATION ACTUELLE.

L'article qu'on va lire est l'œuvre d'un honorable membre du parti conservateur. C'est un tableau vivement tracé de la situation actuelle, c'est aussi un plaidoyer en faveur du cabinet du 15 avril. Nos opinions diffèrent sur plusieurs points de celles de l'auteur ; nous avons cru néanmoins devoir donner, dans nos colonnes, une place à son travail, parce que ce travail renferme quelques enseignemens utiles et quelques vues salutaires.

> Le fondateur et rédacteur en chef de la *Revue générale biographique, politique et littéraire.*
>
> E. PASCALLET.

A M. PASCALLET, RÉDACTEUR EN CHEF DE LA *Revue générale biographique, politique et littéraire.*

Monsieur le Rédacteur,

Après l'étrange alliance de M. Thiers et de M. Guizot, dans la célèbre coalition de 1838, n'est-ce pas un specta-

cle grandement instructif que celui qui nous a été donné
par le cabinet du 1er mars, que celui qui nous est maintenant offert par le cabinet du 29 Octobre ?.... Après l'imprévoyance et la légèreté de l'un, ce sont l'impuissance
et l'inhabileté de l'autre.

M. Thiers et M. Guizot, tour-à-tour maîtres absolus de
la situation, se sont trouvés à même de manifester les res-
sources de leur esprit et d'appliquer leurs idées. Le pays
et le parlement ont pu apprécier ces deux hommes d'é-
tat. Ils ont pu les juger à l'œuvre. Mais que de mé-
comptes essuyés et que d'illusions perdues dans cette double épreuve !

Aujourd'hui la leçon est complète. Elle ressort de l'en-
chaînement successif des faits qui mettent à nu la vanité
des pompeuses théories, des formules sonores et des am-
bitieux programmes des adversaires du cabinet du 15
avril.

Le moment est venu de recueillir les fruits du grand
enseignement que renferment les quatre dernières années
de notre histoire politique. Il est venu pour le pouvoir qui
ne s'est pas remis encore de l'ébranlement qu'il a reçu des
luttes de la coalition de 1838. Il est venu aussi pour les
conservateurs qui ont perdu, à ce redoutable jeu des ambitions privées, l'union qui faisait leur force et dont il faut
se hâter de rallier en faisceau les débris mutilés. Il est
venu enfin pour le pays, si péniblement éclairé par l'expé-
rience et dont les intérêts réclament impérieusement au
gouvernail de l'Etat une direction à-la-fois sûre, prudente et ferme.

Mais la main qui a blessé, n'est pas celle qui peut guérir.
Le cabinet du 29 Octobre, dernier enfantement de la coalition de 1838, est aussi impuissant à relever le pouvoir et
à rallier sincèrement, sérieusement, les conservateurs,
qu'il est inhabile à rendre le pays calme, fort et prospère.
Affaibli, abaissé, déchu dans l'opinion publique, par des

erreurs graves et de nombreuses fautes, ce cabinet a encore un autre vice indestructible. Ce vice, c'est son origine. Désormais, il ne peut plus que compromettre le pouvoir qu'il représente avec faiblesse, l'intérêt du pays qu'il sert si mal, les conservateurs dont il fausse la politique. Sa chute, que les évènemens ont préparée d'eux-mêmes est donc inévitable. Loin d'être un danger dans les circonstances présentes, cette chute peut et doit profiter à-la-fois au pouvoir, aux conservateurs et au pays, ainsi que je vais essayer de le démontrer dans cette lettre à laquelle je vous prie de vouloir bien donner place dans votre revue. — Il me suffira de dresser le bilan du cabinet du 29 Octobre.

Mais pour mieux faire apprécier la conduite du centre droit, auquel appartient, depuis deux ans, la direction suprême de la politique de la France, il est nécessaire de rappeler sommairement les faits qui ont précédé, qui ont préparé l'avènement de M. Guizot au pouvoir.

Ceci nous reporte au 15 avril 1837.

Ce jour-là même, un ministère se forma qui prit cette date et qui vint clore la période de combat et de répression commencée le lendemain de la chute du ministère du 2 décembre.

Les ministères du 13 mars et du 11 octobre avaient été d'éclatans symboles de résistance au mouvement révolutionnaire. Le ministère du 15 avril fut plus que cela. Il fut la personnification la plus haute, la réalisation la plus complète, l'expression la plus réelle de la pensée conservatrice comprenant les idées combinées d'ordre, de morale, de religion, de progrès, de liberté, de paix et d'indépendance.

Sous ce ministère, il y eut pourtant aussi de grandes émotions populaires, mais ce furent les émotions de l'enthousiasme et de la joie.

Un jour, par un beau soleil de mai, la garde nationale

de Paris accourut sous ses drapeaux, saluer de ses acclamations le roi que depuis trois ans, elle n'avait pas vu, et que depuis lors elle n'a plus revu passer devant le front de ses lignes immenses.

Bientôt après, toute la population de la capitale se portait au devant d'une jeune et noble princesse qui entrait dans la première ville du royaume, et s'avançait radieuse de bonheur, entre les flots de la foule, vers ce palais où, sur la première marche du trône, la mort devait sitôt faire à ses côtés une place vide.

Au-delà des mers, sur cette terre d'Afrique où les Carthaginois ont vécu, où les Romains ont passé, où sont morts Saint Louis, roi de France, et don Sébastien, roi de Portugal, sur cette terre qui fut tour-à-tour puissante et sainte, deux actes glorieux s'accomplirent par la guerre et par la religion. Constantine conquise fit souvenir l'Europe de la bravoure de nos soldats et de la force de nos armes. La chaire de Saint Augustin, en se relevant, prépara l'empire pacifique de la croix au milieu des populations musulmanes. Ailleurs, sur des rivages plus lointains, une escadre française, en donnant une leçon à la jeune Amérique, avertissait la vieille Angleterre. Saint-Jean d'Ulloa disait au monde que nous avions une marine !

Il s'est trouvé cependant des orateurs pour affirmer à la tribune et des écrivains pour écrire dans les journaux que le ministère qui gouvernait le pays, alors que toutes ces choses se passaient, abaissait la France devant l'Europe.

Le roi des Pays-Bas, lui, en jugea autrement. Il accorda enfin à ce ministère ce qu'il avait constamment refusé à tous ceux qui l'avaient précédé. Il consacra solennellela séparation de la Hollande et de la Belgique. Il fit plus ; il recula plus loin que les traités mêmes : sur la question financière, et, à la considération de la France, il accorda une large concession à la Belgique.

Jamais enfin, depuis la révolution de 1830, situation

n'avait été plus calme, plus prospère au dedans, plus forte au dehors. L'action de la France se faisait de nouveau sentir dans les conseils diplomatiques de l'Europe et dans les destinées du monde entier. La France avait pour alliée l'Angleterre et l'Espagne pour amie. Elle maintenait, par son influence, l'Orient dans une paix nécessaire, utile et prudente. L'Autriche et la Prusse étaient bienveillantes; la Russie cessait d'être hostile ; on entrevoyait le jour où elle deviendrait favorable et reprendrait les négociations d'une alliance aussi rationnelle qu'elle est naturelle, négociations qu'avait si brusquement interrompues le canon de juillet.

La clémence royale avait pu ouvrir sans danger les prisons d'état aux condamnés politiques. Le ministère, qui imposait aux factions le noble joug d'un pardon sans condition, méritait bien d'obtenir ce beau nom qu'il a gardé depuis, et de s'appeler *le ministère de l'amnistie*. La vieille basilique de Saint-Germain-l'Auxerrois qui s'était fermée dans un jour d'orgie populaire, était rendue, sans troubles, après cinq ans de deuil et de solitude, aux prières des fidèles et aux pompes de la religion. Le chef de l'Etat conviait les artistes, les poètes et les savans, à l'inauguration du musée de Versailles, dans ce merveilleux palais, monument de la grandeur de Louis XIV, devenu un panthéon des gloires de la France. L'ordre règnait dans le pays ; la sécurité renaissait ; l'industrie se reprenait à compter sur l'avenir. Il allait y avoir des loisirs dans les esprits pour les travaux et les œuvres de l'intelligence humaine.

Mais l'agitation, qui se retirait des rues et des ateliers, passa dans les hautes régions. Elle monta jusqu'au sein du Parlement. La coalition se forma. On sait quels en étaient les mobiles, quels en furent les prétextes et quels en ont été les résultats. On sait aussi quel en fut le langage. M. Thiers et M. Guizot affirmaient alors qu'ils se rencontraient sur deux points importans, à savoir : la réalisation du gouvernement parlementaire à l'intérieur , et à l'extérieur, le rétablissement de l'influénce française.

Il arrive presque toujours que deux puissances rivales, également ambitieuses, également puissantes, convoitent la même conquête, et que ni l'une ni l'autre ne se sentant assez forte pour la saisir et la conserver seule, elles ajournent, d'un commun accord, le combat qui doit, tôt ou tard, décider entre elles, laissant provisoirement le prix de la victoire entre des mains trop faibles pour pouvoir le défendre. Ainsi firent M. Thiers et M. Guizot, lorsqu'après la chute du cabinet du 15 avril, ils laissèrent le pouvoir qui attendait un maître, au cabinet du 12 mai.

C'est en vain que l'une des illustrations du siècle se trouvait à la tête des conseils de la couronne. Le cabinet du 12 mai n'avait pas de consistance politique. Le sol lui manquait sous les pieds. Il flottait dans le vide entre les deux ambitions supérieures dont la rivalité le maintenait momentanément. Le jour où l'une de ces deux ambitions vint à l'emporter sur l'autre, le cabinet du 12 mai tomba, dans ce mouvement d'ascension du centre gauche qui portait au gouvernail de l'Etat l'un des deux hommes qualifiés *nécessaires*. M. Thiers, monté à l'assaut du pouvoir, y entra, par la grande brèche, enseignes déployées.

La situation était promptement devenue délicate et périlleuse. Elle était pleine d'écueils. A l'intérieur, il y avait de sourdes agitations qui devaient se manifester par des coalitions d'ouvriers et plus tard par l'attentat de Darmès. A l'extérieur, les Arabes étaient venus incendier, jusqu'aux portes d'Alger, les demeures à peine construites de nos colons. — La question d'Orient, si prudemment maintenue par le cabinet du 15 avril, avait fait explosion par la bataille de Nezib; l'Egypte et la Turquie s'étaient rencontrées face à face sur le champ de bataille de l'Asie; de ce choc imprévu pouvait jaillir la guerre générale. Ce n'était qu'une étincelle, mais cette étincelle pouvait embrâser le monde.

Cette situation, par ses dangers mêmes et par ses difficultés, prêtait éminemment au génie de l'homme-d'état. C'était l'heure pour M. Thiers de se manifester, et il le pouvait d'autant plus, que les oppositions personnifiant en lui le gouvernement parlementaire, il s'appuyait sur elles et leur empruntait une grande force. M. Thiers n'avait donc surtout qu'à se préoccuper du soin de réaliser la seconde partie du programme de la coalition, celle du rétablissement de l'influence française.

La question d'Orient, au point où elle en était arrivée, loin d'être un obstacle, était une occasion favorable. Mis à l'épreuve, M. Thiers a échoué dans une magnifique tentative, et il a échoué, après avoir inutilement rempli l'Europe du bruit de vastes projets. Il a échoué pour avoir manqué à-la-fois de prudence, de résolution, de tact, de réflexion, de volonté. Il n'a pas su d'abord ce qu'il devait vouloir, et il n'a pas su ensuite pouvoir ce qu'il voulait. Avant le traité du 15 juillet, il y avait à choisir entre les certitudes d'une politique de paix et les éventualités d'une politique de guerre. M. Thiers n'a su vouloir ni l'une ni l'autre. Il se préparait publiquement à la politique de guerre et il se résignait secrètement à la politique de paix, acceptant de l'une les charges, et perdant de l'autre les bénéfices. Il bataillait dans des notes diplomatiques, en reculant sans cesse à mesure qu'avançaient les signataires du traité du 15 juillet, les menaçant toujours et pourtant laissant tout s'accomplir sans opposition ; n'empêchant rien, n'arrêtant rien, faisant tirer l'épée à la France pour la forcer ensuite d'assister, l'arme au bras, à l'accomplissement des volontés de la nouvelle sainte alliance, et se sauvant enfin, du ridicule de tant de vaines paroles sans effet, dans la stérilité d'une politique d'isolement sans résultat comme sans but, sans grandeur comme sans portée.

De tout cela, il était résulté des phrases retentissantes et point d'action réelle, si ce n'est dans le domaine des crédits extraordinaires, complémentaires, supplémentaires. *Tout finit en France par des chansons*, disait-on jadis. Cette fois, *tout y finissait par de l'argent*. Je me trompe. La politique du cabinet du 1er mars avait encore eu d'autres résultats. L'alliance anglaise, que la coalition de 1838 reprochait à M. le comte Molé de déserter, était complètement rompue. La Russie, la Prusse, l'Autriche étaient avec nous moins que jamais. L'Espagne elle-même, l'Espagne n'y était plus. Et il avait été constaté aux yeux de l'Europe que la France n'avait pas pu ce qu'elle avait voulu. Voilà comment se trouvait accompli, par l'administration de M. Thiers, la seconde partie du fastueux programme de la coalition de 1838, comment avait été restaurée l'influence extérieure du cabinet des Tuileries, le jour où se forma l'administration du 29 Octobre, le jour où M. Guizot s'empara de la direction des affaires publiques.

A l'extérieur, il y avait à accomplir une œuvre bien difficile, il faut le reconnaître. Beaucoup de mal avait été fait. Il fallait le réparer. Il ne s'agissait de rien moins que de relever sérieusement en Europe l'autorité du nom français, véritablement abaissée cette fois. A l'intérieur, il fallait maintenir le principe du gouvernement parlementaire, et cependant, il y avait à rendre au pouvoir cette fermeté d'initiative et cette hauteur de prépondérance qui font sa force ; il y avait enfin à satisfaire les vrais intérêts du pays, trop long-temps négligés pour de stériles discussions et des questions oiseuses.

Voyons comment le cabinet du 29 Octobre, ou plutôt comment M. Guizot s'est acquitté de sa mission.

J'éprouve, en commençant cet examen, une profonde tristesse. N'est-ce pas une chose, en effet, bien douloureuse que d'être obligé de constater l'impuissance pratique et gouvernementale d'un homme aussi éminent, à tant d'égards, que M. Guizot, lui qu'une grande fraction des conservateurs, par une illusion qu'expliquaient suffisamment une réelle puissance de tribune et une apparente solidité de principes, avait pu long-temps considérer comme le dernier terme des forces et des convictions de la majorité législative. Écrivain, publiciste, philosophe, orateur, historien, M. Guizot a justement conquis la confiance de plusieurs et l'admiration de tous. Membre de la majorité du 13 mars et du cabinet du 11 Octobre, il avait beaucoup fait pour l'ordre, beaucoup fait pour l'instruction publique, beaucoup fait pour nos institutions ; il avait bien mérité du pays. Pourquoi donc faut-il que sa renommée soit venue se briser contre l'écueil de ce pouvoir politique dirigeant qui avait été le rêve ardent de son ambition? C'est la grande et décisive épreuve où l'homme d'état peut dire son dernier mot et donner toute la mesure de sa valeur. Dans cette épreuve, M. Guizot a échoué. Et tout d'abord, il a acheté le droit de la tenter au prix d'un démenti donné à sa vie entière !

Jusqu'au jour, en effet, où il vint défendre à la tribune du Palais-Bourbon, à la tribune du palais du Luxembourg, la loi des fortifications de Paris, malgré des semblans de contradiction dans sa conduite et dans son langage, depuis vingt-cinq ans, M. Guizot était cependant resté fidèle à lui-même, au fond, car il s'était constamment montré l'homme des classes moyennes et des influences parlementaires. Cela se conçoit. Ce n'est que sur ce terrain que cet homme d'état peut valoir tout ce qu'il vaut, et il le sait. Je ne puis donc trop m'étonner, lorsqu'à la tête des défenseurs absolus et convaincus, du moins en apparence, de la loi des fortifications de Paris, je vois, qui ? un maréchal de France sans doute, un homme d'épée, qui s'inquiète peu de l'omnipotence parlementaire? Non. Le plus éloquent promoteur, le plus chaleureux partisan de cette omnipotence, M. Guizot enfin. Quoi ! ceindre Paris de fortifications, l'entourer de citadelles, y appeler une armée de cent mille hommes, le placer sous le feu de deux mille canons et parler ensuite de gouvernement parlementaire ! Mais c'est là une dérision ! M. Guizot n'a pas cru, il n'a pas pu croire à la possibilité d'un gouvernement parlementaire, avec une capitale entourée de bastions et de citadelles... Lors donc que M. Guizot donnait son approbation à une loi dont il doit prévoir et redouter les conséquences, il mentait non pas seulement à son langage officiel et à sa conduite publique ; il mentait à son but, à ses droits, à sa pensée ; il se mentait à lui-même. C'était évidemment un sacrifice douloureux que cet homme d'état faisait à de secrètes nécessités de sa position. Ce sacrifice fut une première preuve de faiblesse. Ce jour-là, M. Guizot prouva qu'il n'était que la fiction et non la réalité d'un ministre parlementaire, venant réaliser ses idées avec le ferme et sûr appui d'une majorité dont il a la confiance. Or, la volonté, il l'avait. C'est donc la force qui lui manquait.

Mais du moins si M. Guizot acheta la possession du pouvoir par cette concession, accordée moitié à des combinaisons de majorité, moitié aux volontés de la couronne, ce fut sans doute dans l'unique désir de se servir de ce pouvoir qui lui appartenait enfin, pour se manifester par de grandes choses et de hautes pensées. Voyons donc ce qu'a fait le cabinet du 29 Octobre, dont M. Guizot personnifie la pensée politique.

Dans la sphère des intérêts matériels, il y avait, à l'intérieur, une question depuis long-temps pendante devant l'opinion publique, question grave, car de sa solution dépend la vie ou la mort de nos anciennes colonies, la vie ou la mort d'une industrie nationale, la question des sucres. Je ne dirai pas qu'elle devrait être cette solution ; mais je dirai que cette question était depuis long-temps à l'ordre du jour du gouvernement, qu'elle demandait à être étudiée avec empressement, qu'elle voulait être réglée d'une façon ou d'une autre. Je dirai que cela importait également aux fabricans nationaux et aux propriétaires colons, car depuis long-temps les uns et les autres attendent une conclusion qui n'arrive jamais. Le cabinet du 29 Octobre sait parfaitement combien tous ces intérêts divers souffrent des irrésolutions et des lenteurs de l'administration qui n'ose prendre aucun parti dans une situation où il importe surtout qu'il y ait une décision prompte et ferme. Et cependant ce cabinet, pendant deux années, deux longues années, a gardé sur la question des sucres un silence commode, mais fort peu concluant. — *Mieux vaut ne rien faire que mal faire,* est peut-être sa devise. Mais ne rien faire, ce n'est pas gouverner.

Ne nous hâtons pas trop pourtant d'accuser le cabinet du 29 Octobre d'impuissance et de stérilité. Qui sait? il avait peut-être , sans qu'il doive être reponsable de cette fâcheuse impossibilité, les mains liées de ce côté, et il aura sans doute agi d'un autre. — Si l'on en croit, d'ailleurs, les bruits du jour, la question des sucres va être enfin soumise à l'examen des Chambres.

Cherchons donc un peu dans cette même sphère des intérêts matériels si nous ne rencontrons pas quelqu'utile et grande mesure. Je feuillette en vain le *Moniteur universel;* je n'y trouve que cette loi des chemins de fer si plaisamment surnommée *la loi des tronçons,* et qu'on pourrait appeler aujourd'hui la loi des tronçons avortés. Que dire de cette loi? La meilleure critique qu'on en puisse faire est assurément dans ces tentatives de mise à exécution, sans cesse renouvelées et toujours vaines. Véritables chemins de fer fantastiques, tous ceux qui ont été décrétés par le cabinet du 29 Octobre sont encore à l'enchère des adjudications, et, si l'on juge de l'avenir par le passé, il est à croire que, dans leur mutuel et touchant accord, les compagnies, le gouvernement et les communes les y laisseront long-temps. C'était bien la peine d'échafauder

un si vaste ensemble de combinaisons pour arriver à de si
minces résultats, à un simple tracé à l'encre sur une carte
de France. Que dis-je ? ce tracé n'est pas même achevé. Le
chapitre le plus important de la loi de 1842 n'est-il pas
celui que l'on pourrait appeler *le Chapitre des indécisions* ?
Dans ce chapitre, entr'autres chemins de fer dont les
études ne sont pas encore faites, dont les lieux de parcours ne sont pas arrêtés, dont les directions ne sont
pas même connues, figurent ceux de la Méditerranée au
Rhin et de Paris à Lyon, ceux de Paris à la frontière d'Al-
lemagne et de Paris aux côtes de la Manche, rien que cela!
Ainsi dans le subit amour que lui inspirent tout-à-coup les
chemins de fer, dans sa fébrile impatience de prendre possession du droit de disposer en maître souverain, en faveur
de telle ou telle cité, de tel ou tel département, des avantages que ces nouvelles voies de communications pourront
offrir à l'industrie et à l'agriculture, le cabinet du 29 Octobre compromet ces mêmes avantages et engage à l'étour-
die l'avenir dans une question où il ne s'agit de rien moins
cependant que de millions à compter par centaines. Faute
de documens sûrs, car il n'en a pas, c'est lui qui le déclare,
pour plusieurs des lignes qu'il décrète et des plus impor-
tantes, il agit à l'aventure et procède par suppositions, sans
se préoccuper le moins du monde des difficultés de l'inconnu et des éventualités de l'imprévu. Enfin, à ces taton-
nemens, à cette imprévoyance, le cabinet ajoute, de son
propre aveu et de propos délibéré, la faute de tout compromettre par une précipitation qui serait étrange, qui serait inouïe, si elle n'était le résultat d'un calcul intéressé.
Ce calcul est évident. Chaque ligne de plus, décrétée en
principe, qu'elle eût ou n'eût pas été étudiée, apportait à
l'ensemble de la loi des chemins de fer, en vertu du système de la réciprocité, l'appui de quelques votes qui ne
pouvaient être obtenus que par une concession faite à des
intérêts de localité auxquels on sacrifiait ainsi l'intérêt gé-

néral.—L'incertitude qu'on laissait planer sur le choix des lieux de parcours de certaines voies devenait même un élément de succès, car l'inconnu était alors un appât auquel devaient se laisser prendre des suffrages opposés, en autorisant des promesses contradictoires.

Et voilà donc seulement à quel prix le cabinet du 29 Octobre a pu se donner, si stérilement du reste, les airs de faire quelque chose. C'est en subordonnant les questions d'utilité publique à la question ministérielle. C'est en abaissant la dignité du pouvoir à de mesquines ruses et à de petits expédiens, comme si le gouvernement n'était pas le gouvernement à l'unique condition de tout voir de haut et d'ensemble, de ne rien considérer que du point de vue de l'intérêt général et de la prospérité permanente du pays, d'imprimer à tout et partout le mouvement de son action et de sa pensée, de se faire suivre enfin du grand nombre, par sa propre force, vers le but qu'il juge utile ou glorieux. Mais, lorsqu'il se laisse déborder par l'irruption des volontés privées, lorsqu'il se laisse dominer par d'autres influences que la grande influence du bien public, le gouvernement n'est plus le gouvernement ; il n'est plus que l'instrument d'une réunion plus ou moins puissante de certains intérêts, et il perd, à ce rôle de servilisme, tout crédit, toute autorité. A coup sûr, ce n'est pas ainsi que le cabinet du 29 Octobre devait rendre au pouvoir sa ferme initiative et sa haute prépondérance, ce n'est pas ainsi qu'il devait le relever dans l'opinion publique. Ce n'est pas un cabinet, à ce point embarrassé dans sa marche et limité dans son action, qui peut se dire le maître d'une majorité de confiance, et se croire la puissance d'assurer les vrais intérêts du pays.—Oui, le cabinet du 29 Octobre mine d'un côté la force du pouvoir et compromet, de l'autre, la prospérité du pays. Et chaque jour les difficultés croîtront, les obstacles s'entasseront sur sa route, car chacun maintenant a surpris le

2

secret de sa faiblesse. Elle pèsera toujours de plus en plus sur lui.

Voyez plutôt ce qui vient de se passer, non pas à l'occasion d'une loi arrêtée et présentée aux chambres et contre laquelle pouvait s'élever, d'une façon normale, une opposition plus ou moins justifiée, mais à propos d'un simple projet qu'aucun acte officiel n'avait encore dénoncé au tribunal de l'opinion publique, le projet de l'union douanière de la France avec la Belgique. Je doute fort que cette union soit chose possible. C'est en vain que ses partisans nous montrent, dans le lointain de la perspective, le mirage des grands résultats politiques de cette mesure. Ces résultats sont plus que problématiques. Ils ne pourraient nous être assurés que par des garanties que le gouvernement de Belgique, ainsi qu'il l'a déjà déclaré, n'est pas maître de nous donner. Quoi qu'il en soit, cette question a mis au grand jour l'impuissance du cabinet du 29 Octobre, car sa majorité lui a dit, dès le premier pas, comme Dieu aux flots de l'Océan : *Tu n'iras pas plus loin* ; et il s'est aussitôt arrêté. Il est aujourd'hui prouvé que s'il appartient à la majorité, la majorité ne lui appartient pas. Voilà donc où en est réduit le gouvernement ! Il suffit de la volonté de quelques hommes pour l'enrayer. Le cabinet du 29 Octobre ne vit, ne pense, n'agit plus que par autrui. Ceux dont il dépend peuvent venir, l'urne du scrutin à la main, lui dicter un *ultimatum* contraire à tous les intérêts du pays, et il sera forcé de courber la tête. Il n'est pas libre, il n'est pas maître d'avoir une volonté, une conviction. Quelle force d'initiative et quelle vigueur d'action peut-il donc apporter au gouvernail de l'état. Il est donc condamné d'avance, par sa faiblesse, à l'immobilité, à la nullité. Non seulement le cabinet s'est montré, en cette circonstance, impuissant et inhabile, mais encore il a traité avec un dédain et une légèreté inexplicables des matières si graves cependant, que l'avenir de l'industrie française pourrait en dépen-

dre. Qu'est-ce à dire ? M. Guizot, des hauteurs de son intelligence, n'avait pas prévu toutes les conséquences de ce
projet d'union douanière avec la Belgique; il n'avait pas pres-
senti les alarmes, les oppositions qu'il allait susciter d'un
bout à l'autre de la France, il ne pouvait s'attendre à cette
agitation universelle, à cette vaste émeute des industries.
Mais alors M. Guizot embrassait donc la pensée de ce projet, sans études et sans convictions, à l'aventure ? La ri-
chesse ou la pauvreté du pays lui importe donc bien peu
qu'il ne prend pas garde à ce qui intéresse au plus haut
dégré l'avenir matériel de la France ? Depuis quand, d'ailleurs, a-t-on vu un ministre oublier les plus simples no-
tions de l'art du gouvernement au point de négliger les
plus faciles mesures de prudence, le secret des études, de
l'examen et des négociations, dans une chose aussi sérieuse
et qui touchait à tant d'intérêts, à des intérêts si divers et
si importans. Ce n'est pas, certes, d'aujourd'hui que l'u-
nion douanière de la Belgique avec la France a été mise à
l'ordre du jour de notre gouvernement. Elle y était, il n'y
a pas encore bien des années. L'examen de cette question
en mit alors en relief les impossibilités. Mais l'industrie nationale a-t-elle seulement senti passer l'orage ? Le pays
resta calme; l'homme d'état qui présidait alors à ses destinées sut le préserver d'inutiles alarmes et d'agitations dan-
gereuses. S'il y a eu en tout ceci trouble et inquiétude,
s'il y a eu renversement de rôles, la faute en est bien à
M. Guizot qui pouvait à coup sûr épargner au pays un pareil spectacle, précédent déplorable, en s'épargnant à lui-
même cet humiliant échec dans une lutte où, vaincu sans
avoir combattu, le cabinet du 29 Octobre a laissé le peu
qui pouvait lui rester encore d'autorité morale.

Mais le cabinet du 29 Octobre n'est-il pas le cabinet des
agitations. Rappelez-vous le rôle qu'il a joué dans l'affaire
des recensemens. Qui avait soupçonné, jusqu'alors, que là

aussi pouvait se trouver une cause de troubles ? personne, assurément. Jusqu'alors, quels désordres avaient donc signalé cette opération toute administrative ? Aucun. Le cabinet du 29 Octobre est venu et nous avons eu le drame de Toulouse ; nous l'avons eu parce qu'il a plu à ce cabinet de maintenir dans cette ville un préfet qu'il savait antipathique à la population.

Du moins dans la sphère des intérêts moraux, il se sera sans doute accompli quelque chose d'efficace, quelqu'un de ces actes honorables qui font date. Cela, on devait l'espérer, on devait l'attendre de M. Guizot, qui, dans tous ses écrits et dans tous ses discours, semble profondément préoccupé de l'avenir moral, philosophique et religieux de la société. Illusion des illusions! L'administration du cabinet du 29 Octobre a été dans la sphère des intérêts moraux, plus stérile encore, si c'est possible, que dans la sphère des intérêts matériels. Après deux années, et deux années de calme, rien n'a été fait dans la question du système pénitenciaire, rien non plus dans celle de l'émancipation des esclaves, qui cependant aurait dû sourire au promoteur du traité du 20 décembre 1841, rien encore dans la question bien plus haute et bien plus vaste de la liberté de l'enseignement, rien nulle part.

M. Guizot semblait venir tout réparer, tout régénérer, et je mets le cabinet du 29 Octobre au défi de citer un seul acte qui témoigne de sa part la moindre velléité de donner à l'opinion publique une direction élevée, de resserrer les liens de famille, de fortifier les influences morales, de fixer l'incertitude des esprits, de rendre la foi aux cœurs, la vigueur aux âmes, la dignité aux caractères. Je ne demanderai pas à M. Guizot s'il s'est formé, durant ce long règne ministériel, dont il se glorifie, une opinion sur le but à poursuivre dans notre colonie d'Afrique et sur le système à adopter dans le gouvernement de l'Algérie. Je lui demanderai bien moins encore s'il a réfléchi sur le sort des classes ouvrières, s'il a médité sur la meilleure solution possible à donner à ces redoutables questions sociales qui s'agitent au cœur même de l'état et qui nourrissent le seul germe actuel de perturbations futures à prévenir, s'il s'est inquiété des destinées de l'industrie française. Toutes les pensées de M. Guizot ne sont-elles pas concentrées sur le Palais-Bourbon, où souffle le vent qui renverse et qui élève les ministères, et de si graves, de si naturelles, de si utiles préoccupations peuvent-elles lui laisser quelques loisirs à donner à l'avenir du pays?....

Je me hâte d'arriver aux questions de la politique extérieure où les fautes du cabinet du 29 Octobre se comptent par ses actes.

La France, par le traité du 15 juillet 1840., se trouvait en dehors du concert européen. Une porte lui était ouverte, pour y rentrer avec honneur et dignité. Cette porte, d'autres l'ont déjà dit avant moi, c'était la Syrie elle-même. La France est pleine des souvenirs chrétiens de la Syrie, comme l'Europe est remplie des souvenirs classiques de la Grèce. Sur cette terre des croisades, il y avait une chose glorieuse à faire. Il y avait là une grande pensée qui aurait dû frapper un homme d'état et dont l'accomplissement aurait relevé, mieux qu'une victoire, mieux qu'une conquête, la France dans l'opinion du monde : c'était l'affranchissement de la Syrie au nom du christianisme et de l'humanité. Il y avait à prendre enfin, pour la monarchie de 1830, l'initiative de l'indépendance des catholiques de la Syrie comme la restauration de 1815 avait pris l'initiative de l'indépendance des chrétiens de la Grèce. La Syrie était le point de contestation, la cause de dissentiment entre la France et l'Europe. La France pouvait, devait vouloir effacer le dissentiment, trancher la contestation, en disant : *Que la Syrie ne soit ni à la Turquie, ni à l'Egypte! Qu'elle soit à la liberté!* Rentrer ainsi dans le concert européen, y rentrer, en entraînant après soi les signataires du traité du 15 juillet 1840 dans un acte aussi glorieux que celui de l'affranchissement d'un peuple esclave et catholique, au nom de la liberté et de la religion, au nom de l'humanité, c'était grand et beau , car c'était à la fois du désintéressement et de la force. Tous les précédens de la question seraient venus en aide à notre diplomatie ; le droit de protection que la France exerce en Syrie était déjà là pour autoriser son intervention ; et ce droit remonte haut, il remonte à François Ier qui en posa la base. Henri IV continua l'œuvre de François Ier, et Louis XIV l'acheva par un traité régulier. En vertu de ce traité, que le gouvernement de la république eut le grand tort de laisser tomber en désuétude, mais qu'aucun autre acte diplomatique n'a annulé,

Le droit de protection de la France dans l'intérêt des catholiques de Syrie se manifestait ostensiblement et légalement dans l'élection de l'abbé, ainsi que dans celle de tous les dignitaires du couvent de Jérusalem dont les religieux ont encore aujourd'hui la garde du Saint-Sépulcre. Toutes les dignités, toutes les fonctions suprêmes de ce monastère ne pouvaient être exercées que par des religieux de nation française. C'était là une constatation officielle de ce qu'on pourrait appeler la suzeraineté morale de la France dans ces contrées consacrées par l'Évangile et où régnèrent jadis des chevaliers français. A coup sûr, il y avait là un droit de s'inquiéter du sort de la Syrie, une raison de réclamer en sa faveur auprès de l'Europe, une possibilité de faire quelque chose et de préparer au moins l'avenir. Mais M. Guizot n'y a pas seulement songé.

Le jour où cet homme d'état prit le portefeuille des affaires étrangères, il vint répondre de la paix aux Chambres, mais d'une paix digne et forte qui maintiendrait, qui replacerait la France au rang qu'elle doit occuper dans le monde.

M. Guizot n'a rien trouvé de mieux pour atteindre ce but
que d'apposer sa signature à la convention des détroits, lui
cinquième, à côté des signatures des quatre contractans du
traité du 15 juillet 1840. C'est là ce qu'il appelle rentrer
fructueusement et honorablement dans le concert européen.

Quelle est donc la signification de cette convention,
faite le 13 juillet 1841, qu'il faille s'en féliciter comme
d'une victoire? La fermeture des détroits est-elle, par hasard, une mesure dont la France a pris l'initiative, une
mesure qu'elle a demandée et qu'elle a obtenue de l'Europe, par l'autorité de son nom et l'influence de sa diplomatie! Est-ce une concession qui a été faite à notre gouvernement? Alors, mais alors seulement, je comprendrais
que M. le ministre des affaires étrangères s'en applaudit.
Mais point. Cette fermeture des détroits n'est pas même
favorable en première ligne aux intérêts de la France. Elle
sert, avant tout, les intérêts et les plans de l'Angleterre, en
admettant toutefois qu'elle ne soit pas illusoire dans les cas
où elle pourrait être utile, car alors les traités se déchirent,
le droit n'existe plus et la force le remplace. Il est mani-
feste, il est évident qu'ici le cabinet français a été admis à
joindre son adhésion aux adhésions des autres cabinets
contractans, et, ou la logique n'est plus la logique, ou cela
signifie qu'il est rentré en grâce auprès de la diplomatie
européenne, cela prouve qu'il a amené son pavillon. C'é-
tait la paix, mais à quel prix! Mieux valait, à coup sûr, la
dignité de l'isolement avec tous ses périls.

En Orient, ce n'est pas de l'honneur du nom français
que M. Guizot se préoccupe, c'est de l'amitié de l'Angleterre ; en Espagne, ce n'est pas de l'intérêt français qu'il
s'inquiète ; c'est encore de l'amitié de l'Angleterre. Le cabinet de Londres tient un langage à Madrid ; il en tient un
autre à Paris. Il joue le cabinet français. M. Guizot le sait,

il le voit et il se tait. Lord Aberdeen veut que le champ reste libre en Espagne à l'influence anglaise. M. Guizot le comprend, il en souffre, mais il se résigne. La question d'Espagne n'est pas à Madrid; elle est à Londres, et c'est là qu'il faut la traiter. Croit-on qu'il soit donné à M. Guizot de la résoudre à notre avantage et à notre honneur? qu'on en juge par sa conduite dans la question du droit de visite!....

En récapitulant le bilan du cabinet du 29 Octobre, voici donc ce que l'on trouve :

— Irrésolution dans la question des sucres ;

— Stérilité dans la question du système pénitentiaire, dans celle de l'émancipation des esclaves, et généralement dans tous les problêmes de l'ordre social et philosophique ;

— Inhabileté dans la question des recensemens.

— Echec dans la question de la liberté de l'enseignement ;

— Incapacité et sacrifice de l'intérêt public à l'intérêt ministériel, dans la question des chemins de fer.

— Impuissance et légèreté, affaiblissement moral dans la question de l'union douanière de la France avec la Belgique ;

— Abaissement dans le réglement de la question d'Orient ;

— Faiblesse dans la question d'Espagne ;

Et puis enfin, pour couronnement à ce trophée de fautes, la plus grave de toutes, le traité du 20 décembre 1841, qui est bien l'œuvre personnelle, l'œuvre de prédilection de M. Guizot.

La question du droit de visite date de loin. Elle s'est négociée au congrès de Vienne, en 1815, et au congrès de Vérone en 1823. Elle s'est présentée à Paris dès les commencemens de la restauration. Le chef du cabinet du 15

avril, M. le comte Molé, y a dès-lors figuré à sa gloire.
C'était en 1817. M. le duc de Richelieu présidait le cabinet et tenait le portefeuille des affaires étrangères. L'ambassadeur d'Angleterre présenta, au nom de son gouvernement, une première proposition de traité de droit de visite réciproque à M. le duc de Richelieu, qui la prit *ad
referendum*. Cette proposition était appuyée dans le conseil
par M. le comte Lainé, ministre de l'intérieur. Peut-être
eût-elle été acceptée, si M. le comte Molé, qui était ministre de la marine, n'eût épargné cette faute au cabinet dans
lequel il siégeait, en déclarant qu'il donnerait sa démis-
sion plutôt que d'accorder son concours à aucun traité du
droit de visite avec l'Angleterre. M. le comte Molé avait
jugé tout de suite la portée d'un pareil acte, dans l'impres-
sion fâcheuse qu'il produirait en France sur l'esprit public,
à une époque où le gouvernement de la restauration aurait
paru céder, dans cette question, aux exigences de l'Angleterre. Cet homme d'état voyait encore dans un traité du
droit de visite réciproque un inconvénient qui est de tous
les temps, c'était celui d'armer de droits dangereux, dans
un jour de mésintelligence, un peuple qui pouvait devenir
ennemi. Sa résistance prévoyante et éclairée fit échouer
cette première négociation.

Cependant le gouvernement anglais n'a pas cessé depuis
de poursuivre avec sa persévérance accoutumée, l'obten-
tion du droit de visite réciproque. Ce droit, c'est surtout
de la France qu'il l'a constamment sollicité, car c'est la
France qui a eu la gloire de proclamer dans le monde le
principe de la liberté des mers. Tous les efforts de l'Angleterre furent vains sous la restauration. Une nouvelle proposition, faite à Paris, en 1822, fut encore repoussée par
M. Pasquier, alors ministre des affaires étrangères. — La
France, du reste, a manifesté ses vives sympathies en faveur de la question d'humanité et son désir sincère de con-

courir à l'abolition d'un trafic infâme, par les deux lois de 1818 et 1827 contre la traite des noirs.

Après la révolution de 1830, le cabinet de Londres jugea le moment favorable. Il renouvela ses tentatives auprès du gouvernement français. Il obtint un premier succès en 1831, sous l'administration du 13 mars, alors que M. le maréchal Sébastiani était ministre des affaires étrangères. Ce succès fut confirmé en 1833, sous l'administration du 11 octobre. — M. le duc de Broglie avait remplacé M. le maréchal Sébastiani. De ce jour-là, il y eut dans la question du droit de visite réciproque deux faits simultanés, mais très divers et complètement séparés, deux faits qu'il faut bien se garder de confondre, le fait de l'accession de toutes les autres puissances maritimes aux traités de 1831 et de 1833, et le fait d'un traité nouveau étendant de beaucoup les zônes comprises dans les premiers. L'accession des autres puissances maritimes aux traités de 1831 et de 1833 devait être poursuivie d'un commun accord, en vertu de ces mêmes traités, par la France et par l'Angterre. Demander cette accession, c'était donc simplement se soumettre à l'exécution de traités existans. D'ailleurs les inconvéniens mêmes de ces traités devaient s'en trouver neutralisés, et les avantages en devenaient évidemment plus assurés. Ce fut bien dans cette pensée que l'accession des autres puissances maritimes aux traités de 1831 et de 1833 fut poursuivie de la part du gouvernement français. C'est là l'esprit de la lettre écrite le 7 février 1834 par M. de Rigny, ministre des affaires étrangères à nos ambassadeurs à Saint-Pétersbourg, à Berlin, à Vienne, à Turin et à Naples. Cet esprit se retrouve surtout au plus haut degré dans les diverses dépêches par lesquelles M. le comte Molé, revenu dans l'intervalle aux affaires, travailla, en 1837 et en 1838, à obtenir particulièrement l'accession pure et simple de l'Espagne, du Portugal et du Brésil aux traités de 1831 et de 1833.

Le fait d'un traité nouveau s'est produit, pour la première fois, le 8 juin 1836. M. Thiers présidait alors le conseil, et tenait le portefeuille des affaires étrangères. Le cabinet anglais envoya au cabinet français, en lui proposant de le présenter d'un commun accord, à l'adhésion des autres grandes cours de l'Europe, un projet de traité à cinq qui renfermait une grande extension des zônes comprises dans les traités de 1831 et de 1833. M. Thiers, selon l'usage, remit ce projet en communication au ministre de la marine qui l'annota d'un grand nombre d'observations sérieuses. — M. Guizot a dû trouver aux archives des affaires étrangères la copie de ce projet de traité ainsi annoté. M. Thiers ne répondit pas au cabinet anglais ; il ne donna point d'instructions à l'ambassadeur de France à Londres. Mais il est à croire que le temps lui a manqué plus que la volonté, car écrivant à ce sujet, à l'ambassadeur de France à Madrid, il disait : « Le gouvernement » anglais nous a fait proposer dernièrement d'ouvrir à » Londres des conférences pour amener un traité général » sur la répression de la traite entre les cinq grandes cours. » *Nous sommes disposés à entrer dans cette négociation.* » Toutefois cette lettre indiquait bien à l'ambassadeur de France à Madrid les dispositions dans lesquelles se trouvait M. Thiers. Mais du côté de Londres rien n'avait été fait , rien n'avait été dit, rien n'avait engagé le gouvernement du roi.

M. le comte Molé avait succédé à M. Thiers. Il n'eut point à s'expliquer d'abord sur le projet de traité présenté par l'Angleterre ; il en ignorait même l'existence. Mais il eut occasion de manifester une première fois son opinion sur une extension de zônes en particulier, et sur le droit de visite réciproque en général, dans une instruction adressée à M. de Bois-le-Comte, afin de prémunir ce diplomate contre l'intention que le Portugal avait déjà fait pressentir de pro-

poser à la France un traité particulier sur cette matière.
M. le comte Molé savait que ce traité devait fixer des zônes
plus étendues que celles déterminées par les traités de 1831
et de 1833, quoique moins vastes cependant que celles
adoptées par le traité de 1841. Il s'empressa de faire connaître sa pensée à cet égard au ministre de France en Portugal, et lui écrivit, le 31 janvier 1837, une lettre dans laquelle il disait expresssément *que les conventions conclues
depuis 1830 avec l'Angleterre n'ont été acceptées sans défiance que parce que le gouvernement les a présentées comme
le résultat d'un examen définitif.* Il exprimait ensuite l'opinion que les traités de 1831 et de 1833 étaient suffisans
pour arriver *à la répression énergique et immédiate de l'infâme trafic des noirs.* Il ajoutait enfin que cette répression,
ne fût-elle pas assez promptement assurée par ces traités,
il vaudrait encore mieux *s'en tenir à des mesures d'une action lente et successive, mais appuyées de l'assentiment national, plutôt que de recourir à des moyens jugés plus effi-
caces, mais contre lesquels viendraient lutter tous les sentimens du pays.* Il faisait surtout ressortir cette considération
que, de tout temps en France, *l'esprit public a résisté aux
efforts tentés par le gouvernement pour s'associer aux mesures
recommandées par l'Angleterre, afin d'arriver à l'abolition
absolue de la traite.* En conséquence, il concluait à l'accos-
sion pure et simple du Portugal aux traités de 1831 et de
1833. C'est dans ce même sens qu'il écrivait le 12 février 1838
à l'ambassadeur de France à Londres, en le prévenant que
le gouvernement du roi pressait l'accession du Brésil, du
Portugal et de l'Espagne à ces mêmes traités. Le 20 mars
suivant, il maintenait les mêmes principes dans une nouvelle dépêche qu'il adressait à Lisbonne à M. de Bois-le-
Comte, et après être entré dans de très grands détails d'application, il disait, en termes formels, que *la France n'a jamais entendu faire de la visite en mer un droit général appli-
cable à toute sa marine marchande,* et il ajoutait plus loin,

qu'il repoussait péremptoirement l'extension du droit de vi-
site, comme opposé à l'une des bases essentielles de nos enga-
gemens relatifs à la traite.

Cependant le 20 février 1838, M. le maréchal Sébastiani avait pressé M. le comte Molé de lui donner
des instructions relativement au projet de traité de juin
1836. M. le comte Molé ne répondit pas, et, à coup
sûr, dans cette occasion, l'absence d'instructions indiquait suffisamment à l'ambassadeur que l'opinion du ministre était qu'il n'y avait pas lieu de s'occuper de ce projet.
Néanmoins le 15 décembre suivant, M. le maréchal Sébastiani écrit de nouveau à M. le comte Molé, et l'ambassadeur prévient le ministre qu'il a jugé utile de signer, avec
toutes réserves, un protocole qui présente la France comme
unie à l'Angleterre pour engager la Russie, la Prusse et
l'Autriche à convertir ce même projet en traité définitif
à cinq. Cette lettre resta sans réponse comme la première.
Dans les circonstances morales où se trouvait alors M. le
comte Molé, au milieu des luttes et sous le coup des accu-
sations de la coalition, son silence était significatif et com-
mandé d'ailleurs par de puissans motifs de prudence. Ce
silence était une condamnation tacite, mais évidente, de
l'initiative prise à Londres par l'ambassadeur. L'opinion du
ministre, dans cette question, s'est assez manifestée, lorsqu'il a eu occasion de la traiter du côté du Portugal, pour
qu'il ne puisse y avoir aucun doute sur les raisons de haute
convenance qui l'engageaient à se borner, provisoirement,
à garder le silence du côté de l'Angleterre.

En ce qui concerne la question personnelle, trois faits
ressortent clairement et complètement de la correspon-
dance de M. le comte Molé avec M. de Bois-le-Comte. Le
premier, c'est que cet homme d'état considérait les traités
de 1831 et de 1833, non comme la consécration formelle
du droit de visite réciproque, mais comme une dérogation

exceptionnelle au principe de la liberté des mers, dérogation momentanément admise par la France dans un but tout spécial d'humanité. Le second, c'est que dans sa pensée, les traités de 1831 et de 1833 sont suffisans pour atteindre le but spécial d'humanité, et que, de ce point de vue, il y avait encore lieu de s'en tenir aux conventions existantes. Le troisième, c'est que, selon lui, les traités mêmes de 1831 et de 1833 sont déjà contraires, dans leur principe, aux sentimens, ou si l'on veut, aux passions de la France ; que ces traités n'ont pu être contractés, sans danger de blesser ces sentimens, de soulever ces passions, qu'à la condition de ne pas recevoir d'extension ; qu'il fallait donc bien se garder de donner au droit de visite réciproque une application plus large que celle qu'il en avait déjà reçue.

En ce qui concerne la question générale, à la chute du cabinet du 15 avril, il y avait à Londres un ambassadeur que le silence de son ministre avait blâmé de s'être personnellement engagé en faveur d'un nouveau et extensionnel traité du droit de visite réciproque, et il y avait à Paris un gouvernement qui n'avait rien promis, ni par écrit, ni par parole, un gouvernement qui était resté tout à fait libre.

Voilà en réalité quelle était la situation de la France dans cette question, lorsque M. Guizot arriva à Londres, le 20 juillet 1859, comme ambassadeur du roi. Dès ce moment, le cabinet anglais trouva dans M. Guizot un partisan décidé du droit de visite réciproque. Ambassadeur, il prit des engagemens qu'il eut bientôt à réaliser comme ministre des affaires étrangères, et le projet de traité du 8 juin 1836, après avoir été *froidement* accueilli par M. Thiers, et *indirectement repoussé* par M. le comte Molé, fut *hâtivement* converti, par M. Guizot, en traité définitif, le 20 décembre 1841. Je dis hâtivement, à dessein et avec raison, car M. Guizot, pressé de conclure ce traité, ne s'est pas éclairé, comme il eût dû le faire, des lumières spéciales de M. le ministre de la marine, en ce qui concerne les questions de détail et d'exécution. On sait également que M. l'ambassadeur de France en Angleterre, a reçu l'ordre formel, l'ordre pur et simple de signer.

Le traité du 20 décembre 1841 est donc bien l'œuvre personnelle de M. le ministre des affaires étrangères. Ajoutons que c'était de sa part une œuvre de conviction. Cela est si vrai, que, du haut de la tribune, il a fait de la nécessité où il était placé par l'opinion publique de ne pas ratifier ce traité, un texte d'accusation contre les chambres et contre le pays. Qui peut même douter que, jusqu'au lendemain des élections générales de 1842, il n'ait conservé l'espoir et la volonté de consommer l'acte qu'il avait préparé à Londres. Etudiez plutôt l'ambiguité calculée des déclarations qu'il a faites, le 17 mai 1842, au palais du Luxembourg. Il a dit : *La ratification actuelle du traité du 20 décembre 1841 a été positivement refusée.* Ceci est clair. Mais voici qui l'est beaucoup moins. Il ajoutait : *Aucun engagement sérieux n'a été pris, ni direct, ni indirect, de ratifier purement et simplement ce traité, à aucune époque quelconque.* J'en atteste M. Guizot, et j'en appelle au bon sens de tous, affirmer qu'on n'a pas promis au gouvernement anglais de ratifier, est-ce affirmer qu'on lui a déclaré qu'on ne ratifierait positivement pas, ni tout de suite, ni plus tard ? et cependant les prescriptions des chambres, et l'opinion du pays, faisaient à M. le ministre des affaires étrangères un devoir impérieux de formuler à Londres, en termes très précis, la résolution du gouvernement français de renoncer à l'instant même et pour toujours, à ratifier le traité du 20 décembre 1841, sur le droit de visite réciproque. Or, si telle eût été sa pensée, il n'eût pas craint de l'exprimer devant les chambres et devant le pays, d'une manière nette et franche. Mais il comptait sur les élections générales qui étaient prochaines: il a donc endormi, trompé le pays et les chambres sur ses intentions, et s'il s'est enfin soumis nouvellement aux injonctions de la majorité, qui a voté l'amendement du 24 janvier 1842, c'est qu'il y a été forcé par la perspective d'une opposition toujours croissante.

Il y a en M. Guizot, à côté de ses brillantes qualités, un grand défaut qui s'est éminemment manifesté dans cette circonstance. Ce défaut caractérise en général les hommes d'état de l'école doctrinaire, et M. Guizot plus qu'aucun autre. Il lui manque cette impressionnabilité qui fait que l'on s'assimile, par la sympathie, les passions de son pays, et qu'on peut ainsi pressentir, en le ressentant soi-même, l'effet du contre-coup d'un acte ou d'un évènement quelconque sur l'opinion publique. C'est ce défaut qui n'a pas permis à M. Guizot de prévoir les résultats que le traité du 20 décembre 1841 devait avoir sur l'esprit public en France, qu'il ne pouvait ni juger, ni connaître, dans cette occasion, car pour cela il lui eut fallu, ce qu'il n'a pas, le sentiment de la nationalité. C'est l'absence de ce sentiment de la nationalité qui lui a fait accepter un traité qui blessait les idées et les habitudes du pays, dont l'émotion a heureusement brisé à temps la plume dans la main de l'imprudent négociateur.

Mais doit-on croire que tout soit dit sur la question du droit de visite par la fermeture du protocole du traité du 20 décembre 1841. Non certes. Cette question, que M. Guizot a si imprudemment soulevée, est grosse de difficultés et d'embarras. Il faut mettre au premier rang de ces difficultés et de ces embarras, les ombrages et les antipathies de l'opinion publique, éveillées par le traité de 1841, contre ceux de 1831 et de 1833. Que deviendront ceux-ci ! Premier problème à résoudre. Ceci maintenant est une question de dignité nationale entre la France et l'Angleterre, aussi bien qu'une question de principes et d'intérêts. Qui est-ce qui a créé ce nouveau, ce récent péril? N'est-ce pas le traité de 1841. Si les traités de 1831 et de 1833 recèlent aujourd'hui dans leurs dispositions un élément de guerre, s'ils renferment seulement un germe de mésintelligence et d'animosité, c'est au traité de 1841 qu'on le devra. Les premiers renfermaient déjà de graves inconvéniens à côté de résultats incertains. Depuis le traité de 1841, ils sont devenus dangereux pour la paix du monde. Ainsi, pour avoir dépassé les limites du raisonnable et du possible, M. Guizot est arrivé au résultat diamétralement contraire à celui qu'il voulait atteindre. La faute qu'il a commise est grave; elle peut devenir immense par ses futures conséquences.

La France, par le fait du traité de 1841, va se trouver aux prises avec ceux de 1831 et de 1833. Ce serait déjà là une situation épineuse et délicate. Mais la France n'en a pas même fini avec le traité de 1841. L'Angleterre ne prétendait-elle pas appliquer le droit de visite à la marine des Etats-Unis d'Amérique, malgré leur refus d'accession au traité de 1841? Ne s'arrogeait-elle pas, ne pouvant l'exécuter avec eux, la prétention de l'exécuter contre eux? Il y a là le germe d'une pensée qui pourra bien venir un jour à l'Angleterre, à l'égard de la France, lui venir à l'improviste et en temps opportun. Il serait donc grandement à désirer que les traités de 1831 et de 1833 fussent prochainement remplacés par une convention semblable à celle que le cabinet de Londres a conclue sur cette matière avec le cabinet de Washington.

Comment *la Presse* a-t-elle pu dire sérieusement qu'il appartient à M. Guizot de dénouer de pareilles difficultés et de conjurer de semblables orages. C'est un singulier raisonnement que celui qui le présente comme l'homme d'état le plus propre à mener à bien cette négociation si délicate pour tous ; mais, à coup sûr, plus délicate encore pour lui que pour tout autre. En face de l'Angleterre, n'est-il pas toujours le négociateur, l'ambassadeur, le ministre qui manque à sa parole ? Ferait-il valoir ses convictions ? Elles sont favorables au droit de visite réciproque ; c'est là, du côté de l'Angleterre, un point d'appui, et du côté de la France un motif d'anxiété. M. Guizot est enfin personnellement lié, engagé dans cette question par ses précédens, par ses discours, ses dépêches, ses paroles, et lorsqu'il invoquerait les protestations du pays, l'Angleterre ne serait-elle pas autorisée à lui répondre que si un homme d'état français devait accepter la mission de se rendre l'interprète de ces protestations, ce n'était pas lui ; c'était lui moins qu'un autre, car il n'y a ni moralité, ni dignité à obéir à des sentimens extérieurs contre ses convictions. Il n'y a force et gloire à les proclamer que pour l'homme d'état qui les partage. Est-ce M. Guizot qui a le mieux prouvé qu'il partageait les sentimens de la France contre le droit de visite réciproque sur lequel l'Angleterre comptait asseoir un jour sa prépotence maritime ?

Voilà, dans toute la réalité, le bilan du cabinet du 29 Octobre. Ou je m'abuse étrangement, ou ce bilan prouve surabondamment que si le maintien de ce cabinet pouvait servir quelqu'intérêt, ce ne serait certainement ni celui du pays, ni celui du pouvoir. Serait-ce par hasard celui des conservateurs ? Pas davantage. Ou cette qualification de conservateurs ne signifie absolument rien, ou elle indique entre ceux qui s'honorent de ce titre une certaine communauté d'idées et de vues générales sur le gouvernement de la France, lesquelles découlent d'un ensemble de principes sociaux et de convictions politiques. Nécessairement, ces idées et ces vues, les conservateurs doivent vouloir et veulent en effet qu'elles soient constamment appliquées. C'est le résultat qu'ils ont à poursuivre. Comment peuvent-ils l'atteindre ? en réus-

sissant à porter, à maintenir au pouvoir les hommes qui, re-
présentant ces idées et ces vues avec le plus d'éclat possible, peuvent aussi les réaliser avec le plus de force et de
grandeur possibles. Or, le cabinet du 29 Octobre ne représente pas largement les idées et les vues générales des con.
servateurs ; il n'en représente qu'un certain côté, le côté le
moins national et le moins populaire. Il ne peut donc avoir
pour lui le nombre des sympathies.

Et il est temps que les conservateurs y prennent garde !
L'impopularité des hommes rejaillit sur les choses. En haine
de ceux-là, il pourrait enfin se former contre celles-ci une
opposition irréfléchie, mais vivace; aveugle, mais redoutable; une opposition qui, venant tout-à-coup à surmonter
la digue de la résistance, emporterait dans son irruption
l'édifice tout entier des idées et des vues conservatrices
qui ont consolidé la monarchie de 1830 et sauvé la société.
Il y a danger surtout, danger sérieux et imminent, à laisser
l'opinion publique s'habituer à identifier les conservateurs
avec un cabinet qu'elle accuse de faire bon marché à l'extérieur de l'honneur et de la dignité des intérêts de la
France. Cette persuasion, assez générale, que la direction
des affaires extérieures est entre les mains d'un homme
qui ne possède pas à un dégré suffisant le sentiment de la
nationalité, se propage, s'enracine dans les esprits, sème
partout l'inquiétude et la défiance. C'est là un mal réel
qu'il est de l'intérêt de tous et surtout de celui des conservateurs, de détruire dans son germe, car le pays les con-
fond dans sa pensée avec l'esprit qui anime le gouvernement et les rend moralement responsables de tous ses actes. Cette solidarité des conservateurs et du pouvoir, rien
ne peut faire qu'elle ne soit pas. Il importe donc grandement aux conservateurs que le pouvoir soit en des mains
qui ne le compromettent pas, qui n'inspirent contre lui,
dans l'opinion publique, ni antipathies profondes, ni répul-

sion vive , ni défiances graves , car ces antipathies, cette répulsion, ces défiances, leur parti tout entier les partage.

Donc, s'il est bien démontré que le cabinet du 29 Octobre est également funeste à la prospérité du pays, funeste à la force du pouvoir, funeste à l'avenir des conservateurs, quel motif grave. impérieux , concluant, pourrait dès-lors engager ces derniers à continuer leur appui à ce cabinet ? Aucun assurément. Craindraient-ils les périls de l'inconnu, les éventualités de l'imprévu, les complications, les embarras, les secousses d'une crise ministérielle ? Mais il dépend d'eux entièrement de faire à la fois de la chute du cabinet du 29 Octobre une juste satisfaction donnée aux vrais intérêts du pays, étourdiment alarmés ou douloureusement blessés, et une grande réparation accordée aux principes qui rendent un pouvoir, fort surtout de sa force morale. Je dis que cela dépend d'eux, parce qu'il dépendra de l'attitude qu'ils prendront à l'ouverture de la session prochaine qu'ils soient les maîtres de la situation. En effet , il s'agite à l'heure qu'il est, dans les hautes régions de la politique, il s'agitera bientôt au sein du parlement une question qui a le double mérite d'être nationale sans être démocratique, la question du droit de visite. La discussion fermée sur lo terrain du traité de 1841 se rallumera sur le terrain des traités de 1831 et 1833. Le vent de la session , qui déjà souffle partout, l'annonce aux moins clairvoyans. Eh bien ! dans cette question, qui est comprise en France comme en Amérique , à qui donc reviendraient naturellement, si ce n'est aux conservateurs, les honneurs du combat et les bénéfices de la victoire ? Ne sont-ce pas eux qui ont planté leur drapeau sur ce terrain national où ils ont précédé le pays, sur ce terrain où ils peuvent soutenir la lutte , avec succès du côté du ministère, et sans danger du côté de l'opposition ? Que pourraient-ils donc redouter de la chute du cabinet du 29 Octobre , renversé

sur la question du droit de visite? rien. Qu'en pourraient-
ils espérer? la direction suprême de la politique intérieure
et extérieure de la France, le gouvernement du pays par
leurs représentans les plus directs, les plus vrais, les plus
réels.

C'est le moment ou jamais. Aujourd'hui, la chute du cabinet du 29 Octobre au profit des principes de l'ancienne
majorité du 15 Avril serait une réparation de la coalition de 1838 que le pays a pu juger dans ses conséquences. Compris dans ce sens, et il devrait l'être ainsi, cet
évènement acquerrait une haute portée, renfermerait une
haute moralité. Le pouvoir s'en trouverait à l'instant forti-
fié, et le faisceau des conservateurs serait aussitôt reformé
avec une puissance nouvelle et une grandeur inaccoutumée.
Hier, il était trop tôt; demain, il serait peut-être trop tard.
Qui sait si l'instant actuel n'est pas le seul qui soit donné aux
débris mutilés du grand parti conservateur des 13 Mars et
11 Octobre pour se reconstituer avec éclat en majorité gouvernementale, non plus , comme alors, dans des nécessités
de lutte opiniâtre et d'énergique résistance , mais, comme
au 15 Avril 1837, dans un but de puissante initiative et
d'activité fructueuse.

Que les conservateurs y songent. Dans l'existence
des partis, comme dans la vie des individus, il y a un
jour, une heure, qui est l'instant du triomphe. Malheur
aux partis comme aux individus qui laissent passer ce jour,
qui laissent passer cette heure. Ce jour, ni cette heure ne
reviennent plus...

Enfin, une dernière objection reste à détruire, et elle le
sera non moins facilement que toutes les autres. M. Guizot fait dire, fait répéter partout qu'aucun homme d'état
n'est apte à se charger à sa place du fardeau du pouvoir;
qu'aucune combinaison n'existe, prête à accepter l'héri-
tage du cabinet du 29 Octobre. Singulier langage , en vé-

rité ! A qui donc M. Guizot espère-t-il persuader qu'un ministère ne doit être renversé que lorsque devant lui se trouve un autre ministère, déjà debout et au grand complet. Peut-on disposer d'un pouvoir qui n'est pas vacant, s'arroger la prétention de disposer de portefeuilles qui ne sont pas à donner, stipuler enfin des conditions avec des collègues en expectative ? Ne peut-il pas se faire d'ailleurs que des membres de l'ancien cabinet soient appelés par les circonstances à entrer dans le cabinet nouveau ? Avant la chute du premier, comment pourrait-on leur demander leur concours, comment pourraient-ils le promettre ? M. Guizot le sait mieux que personne : ce n'est pas la veille, c'est le lendemain seulement de la chute d'un ministère que peut se former une combinaison quelconque, car pour que cela soit légal, constitutionnel et convenable, il faut que toutes les situations redeviennent libres. Non, les hommes ne manqueraient pas pour former sans M. Thiers et sans M. Guizot, une administration forte et durable, dans un pays qui compte, parmi ses grandes illustrations, des présidens du conseil qui s'appellent Soult et Molé, des membres de cabinet qui se nomment Villemain, Salvandy, Montalivet, Barthe, Dupin, Passy, Dufaure. Ce n'est point au hasard que ces deux derniers noms se trouvent sous ma plume. En réfléchissant sur la situation du pays, sur l'état des esprits, sur la composition de la Chambre des députés, je me suis profondément convaincu qu'aux conservateurs revient de plein droit la direction suprême des affaires du pays. Mais je crois non moins fermement que la France incline vers le centre gauche et que le pouvoir, à son tour, doit manœuvrer et s'étendre vers ce côté de la Chambre. Il doit s'y appuyer par l'amour du progrès, il doit s'y appuyer surtout par le sentiment de la nationalité, auquel tout ministère futur devra demander sa force principale, sous peine de manquer à sa mission. La France est blessée au cœur dans ce sentiment qui a fait, pendant des siècles, sa grandeur et sa gloire. Que la monarchie de 1830 sache bien que la France peut tout pardonner à son gouvernement, excepté la faiblesse vis-à-vis de l'Europe. Or, nous n'avons pas osé prendre la Belgique qui s'offrait à nous, ni secourir la Pologne qui nous appelait.; nous abandonnons l'Espagne à l'influence de l'Angleterre, et la Syrie aux caprices de tous. Nous nous retirons de partout où quelqu'un nous dispute notre place. Plus que jamais, *c'est trop, c'est trop*, *c'est beaucoup trop*, comme le disait naguères, avec tant d'énergie, à la tribune du Palais-Bourbon, le plus éloquent des orateurs politiques de l'époque.

Agréez, M. le rédacteur en chef, etc.,

UN DÉPUTÉ CONSERVATEUR.